心の指針

Selection 4

信仰心《しんこうしん》と希望《きぼう》

大川隆法

Ryuho Okawa

Contents

1 一条《いちじょう》の光《ひかり》

どんよりと空《そら》が曇《くも》って
肌寒《はだざむ》い朝《あさ》。
気《き》がめいり、
憂《ゆう》うつになり、
今日《きょう》の一日《いちにち》から
逃《に》げたい気持《きも》ちになる人《ひと》も
あるであろう。

みじめな一日《いちにち》の始《はじ》まりに
不《ふ》安《あん》と絶望《ぜつぼう》とで
心《こころ》揺《ゆ》れる人《ひと》も数《かず》多《おお》いであろう。

しかし、
雲《くも》が裂《さ》け、
天上《てんじょう》から一条《いちじょう》の明《あか》るい光《ひかり》が
射《さ》し来《き》たった時《とき》、
世界《せかい》は一変《いっぺん》する。
すべてが一変《いっぺん》する。
樹木《きぎ》は明《あか》るい緑《みどり》に輝《かがや》き、
花《はな》たちは笑顔《えがお》であいさつを始《はじ》める。

これが信仰《しんこう》の力《ちから》だ。
これが仏《ほとけ》の大悲《だいひ》だ。
あなたの心《こころ》にも、一条《いちじょう》の光《ひかり》よ、射《さ》せ。
あなた自身《じしん》も、一条《いちじょう》の光《ひかり》となれ。

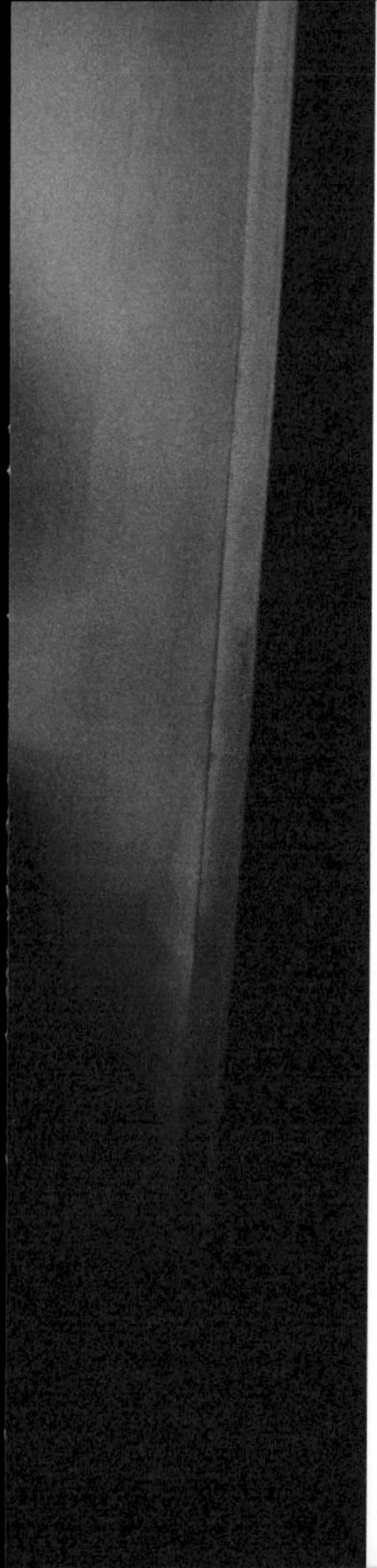

2 蜘蛛《くも》の糸《いと》ほどの信仰《しんこう》さえあれば…

困難《こんなん》の中《なか》にある時《とき》、
人《ひと》は苦悩《くのう》し、
憔悴《しょうすい》し、
疲《つか》れ果《は》てる。
口《くち》からは、
否定的《ひていてき》な言葉《ことば》しか出《で》ず、
明日《あす》を信《しん》じる勇気《ゆうき》もなくなる。

しかし、
私《わたし》は断言《だんげん》する。
あなたに、
蜘蛛《くも》の糸《いと》ほどの信仰《しんこう》さえあれば、
仏《ほとけ》は、あなたを、
軽々《かるがる》と助《たす》け上《あ》げられると。

まず、信《しん》じなさい。
つぎに、リラックスしなさい。

仏《ほとけ》は、必《かなら》ず、
問題《もんだい》を解決《かいけつ》してくださると思《おも》いなさい。
仏《ほとけ》の救《すく》いを信《しん》じて、
明《あか》るい前《まえ》向《む》きの心《こころ》を持《も》ちなさい。
今《いま》、与《あた》えられていることに、感謝《かんしゃ》しなさい。

これからは、
無理《むり》をせず、
あなたにできることを、
ゆっくりとやっていきなさい。
揺《ゆ》るぎない信仰《しんこう》の前《まえ》に、
困難《こんなん》などないと、信《しん》じなさい。

3 信仰心《しんこうしん》と希望《きぼう》

疲《つか》れ切《き》った時《とき》、
人《ひと》は自信《じしん》を失《うしな》い、
愚痴《ぐち》を言《い》う。
他人《たにん》への不信感《ふしんかん》をあらわにし、
時《とき》に怒《いか》りに身《み》を任《まか》せ、
暗黒《あんこく》の未来《みらい》を、心《こころ》に描《えが》く。

智慧《ちえ》の不足《ふそく》は、
十分《じゅうぶん》に怖《おそ》れるがよい。
仕事《しごと》の詰《つ》めの甘《あま》さは、
反省《はんせい》を必要《ひつよう》とする。
能力《のうりょく》の過信《かしん》は、
常《つね》に戒《いまし》めなくてはならない。

しかし、
信仰心《しんこうしん》だけは、
手離《てばな》してはならない。

信仰《しんこう》は、
あなたに勇気《ゆうき》を与《あた》える。
信仰《しんこう》は、
あなたに、
やる気《き》と、未来《みらい》への希望《きぼう》を与《あた》える。

心《こころ》が疲《つか》れてしまったら、

「主《しゅ》よ、あなたを信《しん》じます。」

と、繰《く》り返《かえ》して、言葉《ことば》に出《だ》しなさい。

必《かなら》ず、希《き》望《ぼう》は叶《かな》う。

希《き》望《ぼう》は、実《じっ》現《げん》するしかないのである。

4 自分《じぶん》の道《みち》を歩《あゆ》め

人生《じんせい》には岐路《きろ》がある。
右《みぎ》にゆくべきか。
左《ひだり》にゆくべきか。
それとも真直《まっす》ぐにゆくべきか。

たとえば、
信仰《しんこう》と家庭《かてい》。
仕事《しごと》と病気《びょうき》。
受験《じゅけん》と親子関係《おやこかんけい》。
親友《しんゆう》の意見《いけん》と法友《ほうゆう》の意見《いけん》。

親《おや》の考《かんが》えと僧職者《そうしょくしゃ》の指導《しどう》。
会社《かいしゃ》の方針《ほうしん》と主《しゅ》の教《おし》え。

悩《なや》むだろう。
選択《せんたく》に苦《くる》しむ日々《ひび》もあるだろう。
ただ、私《わたし》は、
あなたがた一人《ひとり》一人《ひとり》を信頼《しんらい》している。
私《わたし》を信《しん》じている人《ひと》が、
それぞれの立場《たちば》で、
たとえ、別《べつ》の道《みち》を選《えら》んだとしても、
いつかは、大《おお》いなる道《みち》で、
一緒《いっしょ》になるということを。

無理《むり》はするな。
争《あらそ》いごとを求《もと》めるな。
しかし、
信念《しんねん》を持《も》ち、
自分《じぶん》が正《ただ》しいと信《しん》ずる道《みち》を歩《あゆ》め。

仏《ほとけ》は、
常《つね》にあなたと共《とも》にある。

5 隠《かく》された力《ちから》

外見《がいけん》だけでは、
人《ひと》はなかなかわからないことが多《おお》い。
話《はな》し合《あ》ったとて、
余計《よけい》にわからなくなることもある。

この世《よ》の世界《せかい》は浅《あさ》い。
この世《よ》的《てき》価《か》値《ち》観《かん》に生《い》きている人《ひと》にとっては、

どうしても見《み》えないもの、
判《わか》りえないものもあるのだ。
この世《よ》的《てき》物《もの》差《さ》しでもっては、
計《はか》りえないか、
全《まった》く逆《ぎゃく》になってしまうことさえあるのだ。

その代《だい》表《ひょう》的《てき》なるものが、
宗教《しゅうきょう》であり、信《しん》仰《こう》であろう。
心《こころ》の世《せ》界《かい》を
脳《のう》の働《はたら》きだと考《かんが》えている者《もの》にとっては、
一生《いっしょう》手《て》の届《とど》かない真《しん》理《り》が、
そこには厳《げん》然《ぜん》として存《そん》在《ざい》している。

ただ、私《わたし》はあなたがたに言《い》っておきたい。
目《め》には見《み》えない世界《せかい》の存在《そんざい》を信《しん》じ、
日々《ひび》ゆるぎない精進《しょうじん》を続《つづ》ける者《もの》には、
確《たし》かな光《ひかり》が見《み》える日《ひ》が来《く》るのだ。
智慧《ちえ》の光《ひかり》が、
水晶玉《すいしょうだま》のように輝《かがや》いて見《み》える日《ひ》が、
必《かなら》ず到来《とうらい》するのだ。

この隠《かく》された力《ちから》の秘密《ひみつ》を信《しん》じるがよい。

6 希望《きぼう》の発明《はつめい》

考《かんが》えてみれば、
「希望《きぼう》」という言葉《ことば》ほど、
人類《じんるい》を救《すく》ったものはないかもしれない。

昔々《むかしむかし》、パンドラという女性《じょせい》が、
禁断《きんだん》の箱《はこ》を開《あ》けた時《とき》、
ありとしあらゆる悪徳《あくとく》が、
全世界《ぜんせかい》に解《と》き放《はな》たれた。
そしてこの世《よ》に、
邪悪《じゃあく》なるものがはびこることになった。

しかし、箱《はこ》の底《そこ》には、
唯一《ゆいいつ》、「希望《きぼう》」だけが残《のこ》った。
この「希《き》望《ぼう》」のみが、
人類《じんるい》に残《のこ》された最後《さいご》の武器《ぶき》だったのだ。

この意味《いみ》を深《ふか》く考《かんが》えてみよう。
暗《くら》い面《めん》だけを見《み》れば、
人間《にんげん》は悪《あく》に染《そ》まり、
この世《よ》も悪魔《あくま》の支配下《しはいか》にあるように見《み》える。
新聞《しんぶん》を見《み》ても、テレビを見《み》ても、
人《ひと》の目《め》を引《ひ》くのは、悪《わる》いことばかりだ。
情報《じょうほう》汚染《おせん》といっても過言《かごん》ではない。
そして伝《つた》えるべき大切《たいせつ》な話《はなし》や、
尊《とうと》い心《こころ》の顕《あらわ》れには、メディアは沈黙《ちんもく》している。

だから、私《わたし》たちは立《た》ち上《あ》がろう。
人《ひと》の美点《びてん》を見《み》つけ出《だ》し、
尊敬《そんけい》されるべき行動《こうどう》を素直《すなお》に喜《よろこ》ぼう。
明《あか》るい希望《きぼう》で未来《みらい》を照《て》らそう。
希望《きぼう》が見《み》つからなかったら、
「希望《きぼう》の発明《はつめい》」ができる人間《にんげん》となろう。

7 霊的《れいてき》でないことの哀《かな》しさ

この世《よ》を「全《すべ》て」だと思《おも》って生《い》きている人《ひと》は、
哀《かな》しい。
いな、哀《かな》し過《す》ぎる。

豊《ゆた》かすぎる物質《ぶっしつ》の世《よ》の、
型《かた》にはめ込《こ》み過《す》ぎた科学《かがく》が、
人《ひと》の心《こころ》を曇《くも》らせる。

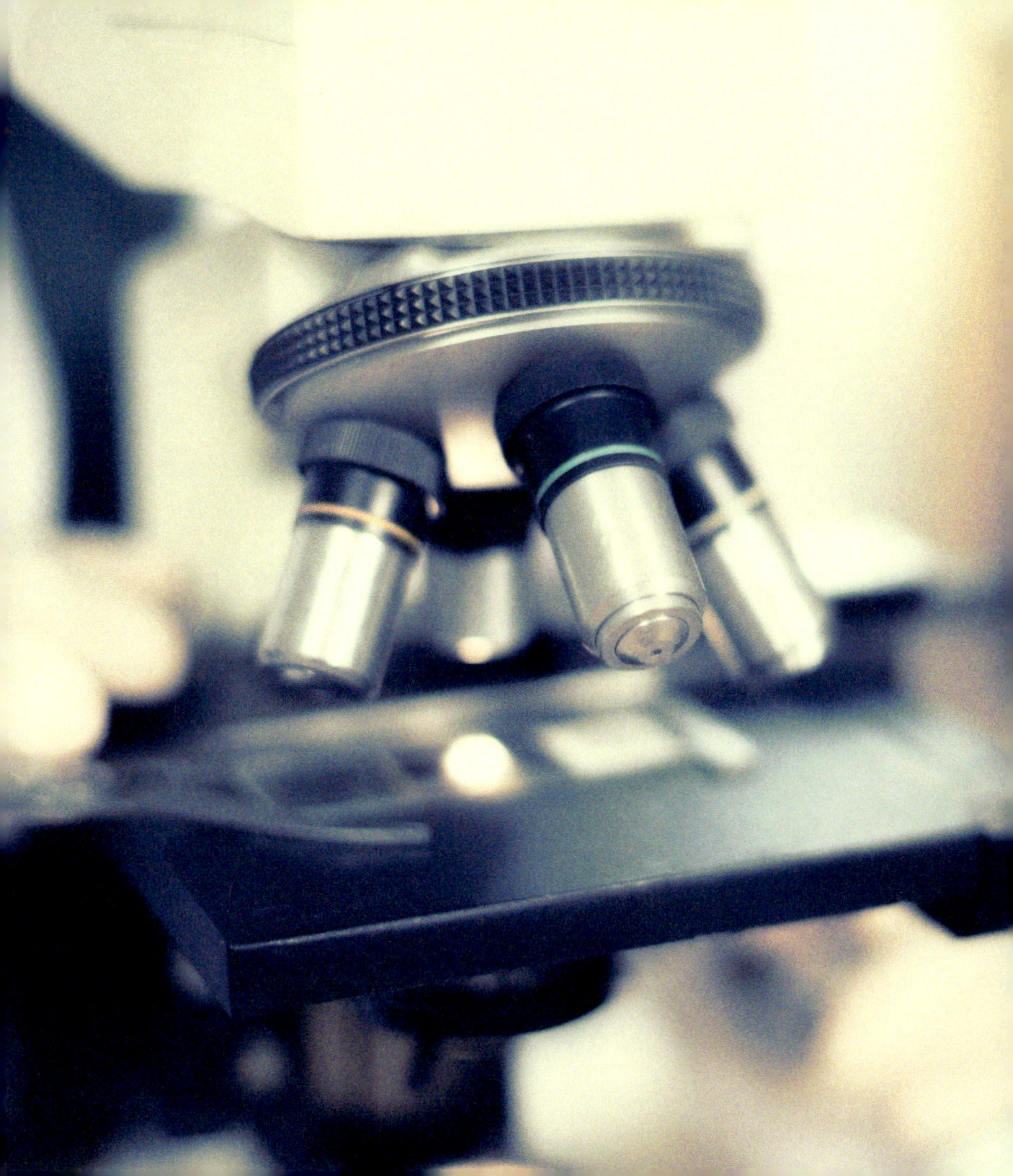

そもそも、

「人間《にんげん》は機械《きかい》ではない。」

というところから出発《しゅっぱつ》せねばならぬ。

人間《にんげん》を機械《きかい》だと思《おも》ったら、
それが人《ひと》の世《よ》を惑《まど》わせる。


人間《にんげん》を部品《ぶひん》の寄《よ》せ集《あつ》めだと思《おも》わせないのが、

「情緒《じょうちょ》」の力《ちから》である。

「情緒《じょうちょ》」とは、
夕焼《ゆうや》けを見《み》ては、
美《うつく》しいと思《おも》い、
壊《こわ》れたオモチャを見《み》ては、

今《いま》は亡《な》き父《ちち》を憶《おも》い出《だ》して、
涙《なみだ》する
心《こころ》である。

母《はは》の白《しら》髪《が》を
抜《ぬ》いてあげていた頃《ころ》の自《じ》分《ぶん》を、
取《と》り戻《もど》すことである。
子《こ》として反《はん》抗《こう》する心《こころ》の中《なか》に、
近《きん》代《だい》的《てき》自《じ》我《が》がある。

自分《じぶん》が霊的《れいてき》でなく生《い》きたことの哀《かな》しさは、
後《あと》になるほど、
冷《ひ》や酒《ざけ》の如《ごと》く効《き》いてくる。

8 弱《よわ》さを知《し》る

時々《ときどき》、
なぜキリスト教《きょう》が世界宗教《せかいしゅうきょう》になったのか、
不思議《ふしぎ》に思《おも》うことがある。
わずかばかりの弟子《でし》にさえ裏切《うらぎ》られて、
最大《さいだい》の辱《はずかし》めを十字架上《じゅうじかじょう》で経験《けいけん》する開祖《かいそ》。
イエスにみじめさや悔《くや》しさがなかったら、
嘘《うそ》になるだろう。
天《てん》の父《ちち》の一人子《ひとりご》とも語《かた》ったのに、
イエス自身《じしん》を救《すく》うこともできなかった。

ただ思《おも》うことは、
自分《じぶん》が信仰《しんこう》の試《ため》しに際《さい》し、
無力《むりょく》であったことを、
イエスが
謙虚《けんきょ》にうけとめていただろうということだ。

開祖《かいそ》が
この世《よ》的《てき》無力《むりょく》さの極《きわ》みで死《し》んでいったので、
後世《こうせい》の弟子《でし》たちには、
この世《よ》的《てき》に執着《しゅうちゃく》するものが
なくなったのだろう。

おそらくは、
仕事《しごと》も地位《ちい》も、
学歴《がくれき》も収入《しゅうにゅう》も、
この世《よ》的《てき》名誉《めいよ》や、
見栄《みえ》も、
何《なに》も要《い》らなくなったのだろう。

弱《よわ》さの極《きわ》みを経験《けいけん》することで、
逆《ぎゃく》に宗教的人格《しゅうきょうてきじんかく》は強《つよ》められるのである。
ご利《り》益《やく》宗教《しゅうきょう》が、
自己《じこ》犠牲《ぎせい》の宗教《しゅうきょう》に敗《やぶ》れる瞬間《しゅんかん》である。

私《わたし》たちも、自分《じぶん》の立場《たちば》の有利不利《ゆうりふり》だけで、
信仰《しんこう》を左右《さゆう》されすぎてはいまいか。
この世《よ》のものは、すべて過《す》ぎ去《さ》るのだ。
信仰《しんこう》だけを持《も》って、あの世《よ》に還《かえ》るがよい。

9 人生《じんせい》はドラマか

一文字《ひともじ》、一文字《ひともじ》、
この文章《ぶんしょう》を書《か》いている。
もうすぐ紙《かみ》の本《ほん》は絶滅《ぜつめつ》し、
電子書籍《でんししょせき》だけになると予言《よげん》する科学者《かがくしゃ》もいる。

そうかもしれない、とは思《おも》う。
十万《じゅうまん》、二十万《にじゅうまん》と集《あつ》めた蔵書《ぞうしょ》と共《とも》に、
私《わたし》の人生《じんせい》もタイタニック号《ごう》のように、
やがて轟沈《ごうちん》してゆくのかもしれない。

しかし、
何《なん》だろう、この虚《むな》しさは。
電気《でんき》と金属《きんぞく》で創《つく》られた文明《ぶんめい》が、
なぜか蜃気楼《しんきろう》のように思《おも》えるのだ。

数十年《すうじゅうねん》の昔《むかし》、
コンピュータの図表《ずひょう》に、
数字《すうじ》を打《う》ち込《こ》む作業《さぎょう》に空《むな》しさを感《かん》じて、
私《わたし》は出家《しゅっけ》した。
コンピュータは、
霊《れい》についても、
あの世《よ》についても、
天使《てんし》についても、
悪魔《あくま》についても、
本当《ほんとう》のことは教《おし》えてくれなかった。

私《わたし》は『太陽《たいよう》の法《ほう》』を、
一時間《いちじかん》に二千字《にせんじ》の速度《そくど》で書《か》いていった。
それは仏陀《ぶっだ》の霊筆《れいひつ》による
自動書記《じどうしょき》によるものだった。
やがて一千万人《いっせんまんにん》以上《いじょう》の人《ひと》がこの本《ほん》を読《よ》んだ。

人生《じんせい》はドラマである。
とても効率《こうりつ》の悪《わる》いドラマである。
馬鹿《ばか》だと思《おも》われた人《ひと》が、
最後《さいご》には勝利《しょうり》することもある。

THE
LAWS
OF THE
SUN
ONE SOURCE, ONE PLANET, ONE PEOPLE
RYUHO OKAWA
AUTHOR OF 100 MILLION BOOKS
SOLD WORLDWIDE

10 力《ちから》を振《ふ》り絞《しぼ》る

心《こころ》の指《し》針《しん》の①を書《か》いた時《とき》、
私《わたし》は、四十七《よんじゅうなな》歳《さい》の六月《ろくがつ》十二《じゅうに》日《にち》を迎《むか》えていた。
その『一条《いちじょう》の光《ひかり》』という小文《しょうぶん》は、
前月《ぜんげつ》に大病《たいびょう》をし、
遺言《ゆいごん》のつもりで書《か》き始《はじ》めたものだ。

●一条の光　本書第１章（p.6）参照。

その頃《ころ》の妻《つま》には、
結婚《けっこん》した三十一歳《さんじゅういっさい》の時《とき》、
「もし僕《ぼく》の命《いのち》が四十八歳《よんじゅうはっさい》までしかないとして、
それでも結婚《けっこん》しますか。」と問《と》うた。
彼女《かのじょ》は「十八年《じゅうはちねん》か。」とつぶやいた後《あと》、

「十八年《じゅうはちねん》間《かん》一緒《いっしょ》に暮《く》らせるなら、
結婚《けっこん》します。」と明快《めいかい》に答《こた》えた。
そして二年《にねん》ごとに五人《ごにん》の子供《こども》を産《う》んだ。

私《わたし》は何《なん》とか力《ちから》を振《ふ》り絞《しぼ》って、
四十八歳《よんじゅうはっさい》まで生《い》き、
心《こころ》の指針《ししん》を108まで九年分《きゅうねんぶん》を書《か》いた。

医学《いがく》の常識《じょうしき》に反《はん》して、
私《わたし》は、一《いっ》カ《か》月《げつ》後《ご》にも、
一年後《いちねんご》にも、
九年後《きゅうねんご》にも死《し》にはしなかった。

死《し》を覚悟《かくご》した時《とき》、
本《ほん》は三百書《さんびゃくしょ》、
説法《せっぽう》は九百回《きゅうひゃくかい》ぐらいだったろうか。
晩年《ばんねん》の法《ほう》が説《と》けてないことを除《のぞ》けば、
「もう十分《じゅうぶん》かな。」とも思《おも》った。

その後《ご》、二千書《にせんしょ》以上《いじょう》も本《ほん》を出《だ》し続《つづ》け、
世界伝道《せかいでんどう》をし、
三千回《さんぜんかい》に向《む》けて説法《せっぽう》をするとは…。
そして自《みずか》ら建《た》てた学校《がっこう》で、
何千人《なんぜんにん》もの子供《こども》たちを教育《きょういく》できるとは…。

還暦《かんれき》を過《す》ぎて、やっと、
『力《ちから》を振《ふ》り絞《しぼ》る』という言葉《ことば》に目覚《めざ》めた。

11 大宇宙《だいうちゅう》の神秘《しんぴ》

見上《みあ》ぐれば、
夜空《よぞら》には、神秘《しんぴ》の光《ひかり》が、
点滅《てんめつ》している。
まるで宝石箱《ほうせきばこ》を、
神《かみ》の手《て》で開《ひら》け、
そのままバラまいたかのようである。

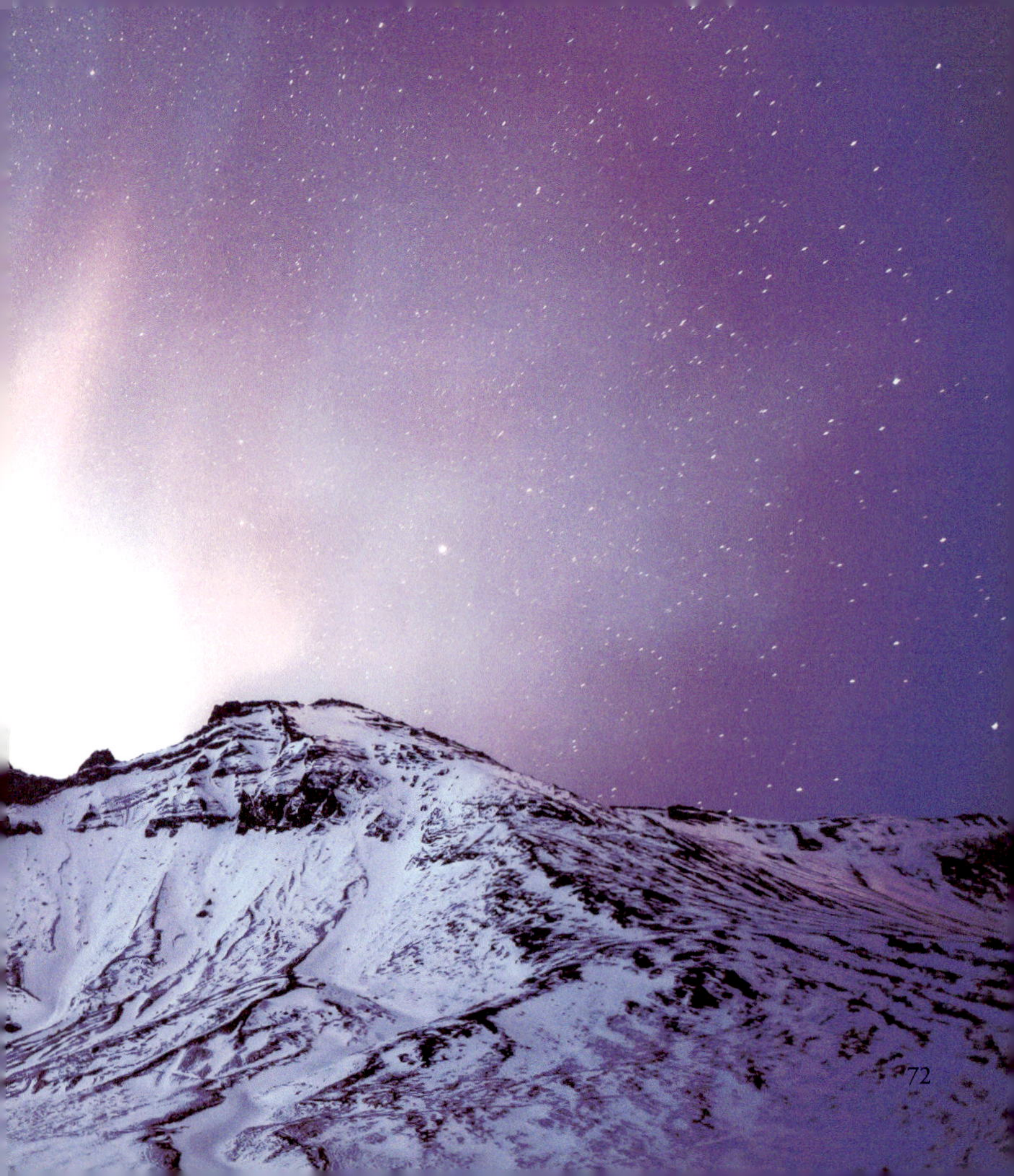

この無《む》数《すう》に近《ちか》い星《せい》雲《うん》と、
それぞれの太《たい》陽《よう》系《けい》の中《なか》に、
数《かず》多《おお》くのメシアたちが存《そん》在《ざい》して、
宇《う》宙《ちゅう》人《じん》類《るい》たちを導《みちび》いている。

一《いっ》体《たい》どんな神《かみ》々《がみ》がいて、
どんな生《せい》命《めい》体《たい》を創《そう》造《ぞう》し、
かつ、何《なに》を教《おし》えているのだろうか。

ある星《ほし》での正義《せいぎ》は、
地球《ちきゅう》での正義《せいぎ》と同《おな》じだろうか。
どの星《ほし》にも男性《だんせい》と女性《じょせい》がいるのだろうか。
ましてや、
遠《とお》い遠《とお》い昔《むかし》に、
はるかなる惑星《わくせい》から、
スター・ピープルたちがやってきて、
この地球《ちきゅう》に移《うつ》り住《す》んだなんて信《しん》じられようか。

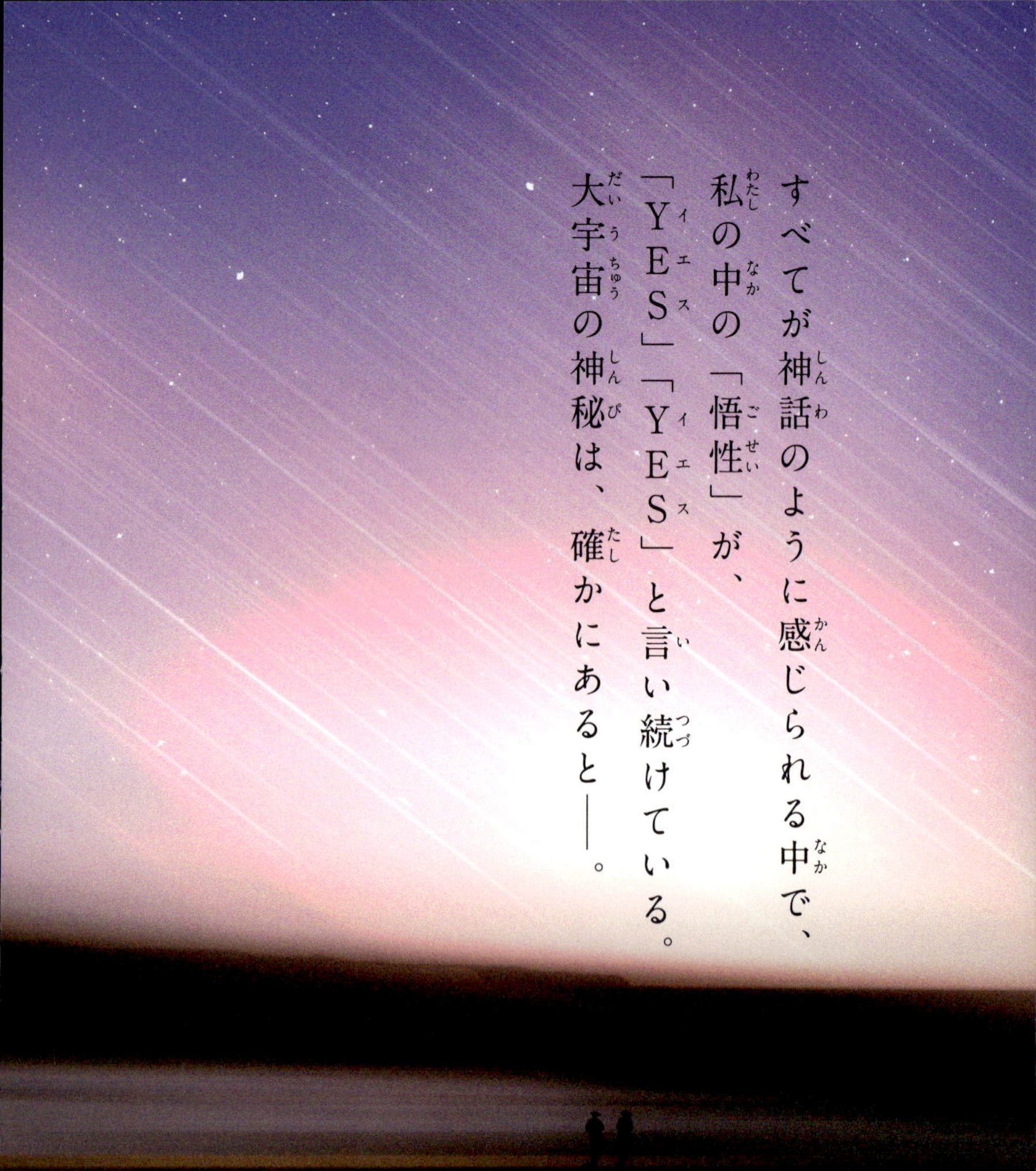

すべてが神話《しんわ》のように感《かん》じられる中《なか》で、
私《わたし》の中《なか》の「悟性《ごせい》」が、
「YES《イエス》」「YES《イエス》」と言《い》い続《つづ》けている。
大《だい》宇《う》宙《ちゅう》の神秘《しんぴ》は、確《たし》かにあると——。

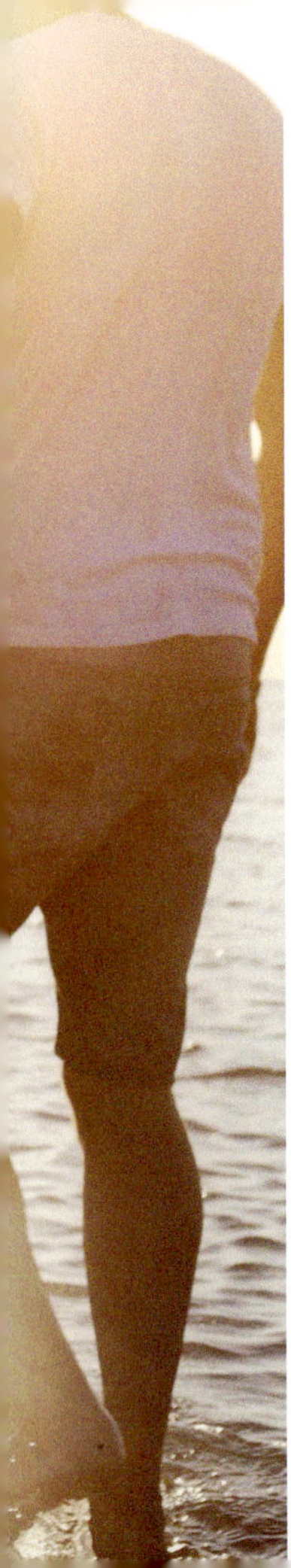

12

仏《ほとけ》は支《ささ》える

いつもあなたは、
独《ひと》りではなかったはずだ。
父《ちち》や母《はは》。
祖父《そふ》や祖母《そぼ》。
兄弟姉妹《きょうだいしまい》。
先生《せんせい》や友人《ゆうじん》。
見知《みし》らぬ他人《たにん》。
いつも誰《だれ》かが、あなたを支《ささ》えていた。

そして、いつしか、
仏《ほとけ》があなたを支《ささ》えるようになった。

偶《ぐう》然《ぜん》映《うつ》ったテレビの科《か》学《がく》番《ばん》組《ぐみ》。
キャスターが、
「あなたのご先《せん》祖《ぞ》様《さま》は魚《さかな》です。」と、
わけ知《し》り顔《がお》に解《かい》説《せつ》する。

だが、
あなたは人《にん》間《げん》として創《つく》られたのだ。
その魂《たましい》も、その身体《からだ》も。

忘恩《ぼうおん》の大河《たいが》。
何億年《なんおくねん》もの孤独《こどく》。

少《すこ》しだけ微笑《ほほえ》んで、
仏《ほとけ》は、あなたを、今日《きょう》も支《ささ》える。
あなたの家族《かぞく》も、
この国《くに》も、かの国《くに》も、
この星《ほし》も、この宇宙《うちゅう》も、
仏《ほとけ》は黙《だま》って支《ささ》えている。
ひたすらに、ただ、ただ、
支《ささ》え続《つづ》けている。

「心の指針 Selection《セレクション》」について

「心の指針」は、現代に生きる人々に「人生の意味」や「悩み解決のヒント」を伝えるために、幸福の科学の大川隆法総裁が、月刊「幸福の科学」(幸福の科学刊)で2005年1月号より毎月発表している詩篇《しへん》です。そのメッセージをより深く味わっていただくために、テーマ別に取りまとめたシリーズが、この「心の指針 Selection《セレクション》」です。2004年、大川総裁は心臓発作を起こし、医師からは「死んでいる人と同じ状態」と診断されました。その際、療養《りょうよう》中に書き下ろした108篇の「辞世《じせい》のメッセージ」が、「心の指針」の始まりです。しかし、その後、大川総裁は奇跡的な復活を遂《と》げ、現在に至るまで、全世界で精力的に救世活動を展開しています。

『心の指針 Selection 4　信仰心と希望』出典(初出)

1　一条の光……………………………心の指針1　／月刊「幸福の科学」No.215
2　蜘蛛の糸ほどの信仰さえあれば… ……心の指針16　／同 No.230
3　信仰心と希望 ……………………心の指針12　／同 No.226
4　自分の道を歩め …………………心の指針19　／同 No.233
5　隠された力………………………心の指針116／同 No.330
6　希望の発明 ………………………心の指針136／同 No.350
7　霊的でないことの哀しさ…………心の指針141／同 No.355
8　弱さを知る………………………心の指針176／同 No.390
9　人生はドラマか …………………心の指針142／同 No.356
10 力を振り絞る……………………心の指針169／同 No.383
11 大宇宙の神秘……………………心の指針113／同 No.327
12 仏は支える………………………心の指針31　／同 No.245

著者 Profile　　大川隆法 Ryuho Okawa

幸福の科学グループ創始者 兼 総裁。1956（昭和31）年7月7日、徳島県に生まれる。東京大学法学部卒業後、大手総合商社に入社し、ニューヨーク本社に勤務するかたわら、ニューヨーク市立大学大学院で国際金融論を学ぶ。81年、大悟し、人類救済の大いなる使命を持つ「エル・カンターレ」であることを自覚する。86年、「幸福の科学」を設立。信者は世界100カ国以上に広がっており、全国・全世界に精舎・支部精舎等を700カ所以上、布教所を約1万カ所展開している。説法回数は3000回を超え（うち英語説法140回以上）、また著作は31言語に翻訳され、発刊点数は全世界で2500書を超える（うち公開霊言シリーズは500書以上）。『太陽の法』（幸福の科学出版刊）をはじめとする著作の多くはベストセラー、ミリオンセラーとなっている。また、映画「光り合う生命。—心に寄り添う。2—」（ドキュメンタリー・2019年8月公開）、「世界から希望が消えたなら。」（実写・同年10月公開）、「心霊喫茶『エクストラ』の秘密 —The Real Exorcist—」（実写・2020年公開）など、18作の劇場用映画を製作総指揮・企画しているほか、映画の主題歌・挿入歌等、100曲を超える作詞・作曲を手掛けている。ハッピー・サイエンス・ユニバーシティと学校法人 幸福の科学学園（中学校・高等学校）の創立者、幸福実現党創立者兼総裁、HS政経塾創立者兼名誉塾長、幸福の科学出版（株）創立者、ニュースター・プロダクション（株）会長、ARI Production（株）会長でもある。

心《こころ》の指針《ししん》 Selection4　信仰心《しんこうしん》と希望《きぼう》

2019年10月21日　初版第1刷

著　者　大《おお》　川《かわ》　隆《りゅう》　法《ほう》

発行所　幸福の科学出版株式会社
〒107-0052　東京都港区赤坂2丁目10番14号
TEL 03-5573-7700
https://www.irhpress.co.jp/

印刷・製本　株式会社 堀内印刷所

落丁・乱丁本はおとりかえいたします

ISBN978-4-8233-0119-3 C0030

カバー Julia Kuleshova/Shutterstock.com, p.6-7 Jarno Holappa/Shutterstock.com, p.8-9 Rachaphak/Shutterstock.com, p.10-11 Kunio Hirano, p.12-13 GaudiLab/Shutterstock.com, p.14-15 maoyunping/Shutterstock.com, p.16-17 maoyunping/Shutterstock.com, p.18-19 Dragon Images/Shutterstock.com, p.20-21 Andrzej Kubik/Shutterstock.com, p.22-23 gornostay/Shutterstock.com, p.25 Matej Kastelic/Shutterstock.com, p.26-27 Matej Kastelic/Shutterstock.com, p.28-29 Manuakashera/Shutterstock.com, p.30-31 BABAROGA/Shutterstock.com, p.32 maoyunping/Shutterstock.com, p.34-35 SIMEON PHOTOS/Shutterstock.com, p.36-37 nature photos/Shutterstock.com, p.38-39 Tatomirov/Shutterstock.com, p.40-41 Julia Kuleshova/Shutterstock.com, p.42-43 Have a nice day Photo/Shutterstock.com, p.44-45 Soloviova Liudmyla/Shutterstock.com, p.46-47 Jaromir Chalabala/Shutterstock.com, p.48-49 MartinMojzis/Shutterstock.com, p.50-51 Dmitrijs Mihejevs/Shutterstock.com, p.52-53 Jaroslaw Pawlak/Shutterstock.com, p.54-55 Guschenkova/Shutterstock.com, p.56-57 donatas1205/Shutterstock.com, p.58-59 Maciej Bledowski/Shutterstock.com, p.60-61 SmartPhotoLab/Shutterstock.com, p.62-63 Masahiro Watanabe, p.64-65 MSPT/Shutterstock.com, p.66-67 249 Anurak/Shutterstock.com, p.69 Havoc/Shutterstock.com, p.70-71 Lucky Water/Shutterstock.com, p.72-73 Pigprox/Shutterstock.com, p.74-75Matt Tilghman/Shutterstock.com, p.76-77 Marek Masik /Shutterstock.com, p.78-79 Dasha Petrenko/Shutterstock.com, p.80-81 ochibi/Shutterstock.com, p.82-83 Elovich/Shutterstock.com, p.84-85 yakthai/Shutterstock.com, p.86-87 Egyptian Studio/Shutterstock.com
装丁・イラスト・写真（上記・パブリックドメインを除く）© 幸福の科学

太陽の法

エル・カンターレへの道

創世記や宇宙の真実、文明の流転、愛と悟りを説き明かす、現代の聖典。世界累計1000万部を超える大ベストセラー。この一冊と出逢うために、あなたは生まれてきた。

2,000円

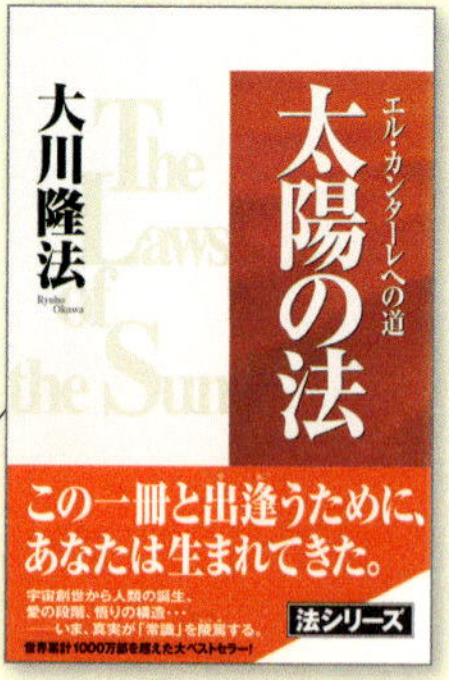

1,500円

信仰のすすめ

泥中の花・透明な風の如く

西洋と東洋を融合させた「地球的な規模の宗教」とは。現代における信仰の意義が明らかに。

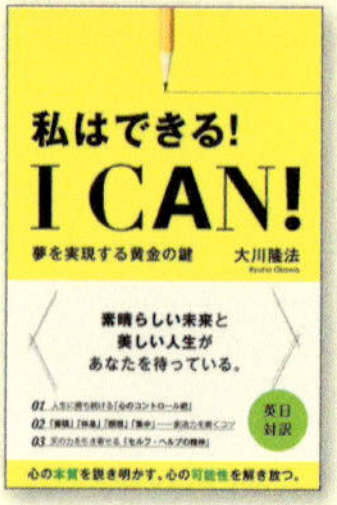

英日対訳

1,500円

I Can!　私はできる!

夢を実現する黄金の鍵

「あなたの内に宿る神の力」とは。運命を好転させる「心の力」と「魔法の言葉」の秘密がこの一冊に。

※表示価格は本体価格(税別)です

大川隆法著作シリーズ　「信仰による奇跡」とは

新復活

医学の「常識」を超えた奇跡の力

最先端医療の医師たちを驚愕させた奇跡の実話。医学的には死んでいる状態から“復活”を遂げた、著者の「心の力」の秘密が明かされる。

1,600円

1,500円

心を癒す ストレス・フリーの幸福論

ストレスを解消し、幸福に生きるための「心のスキル」。第5章に「奇跡を感じよう」を収録。

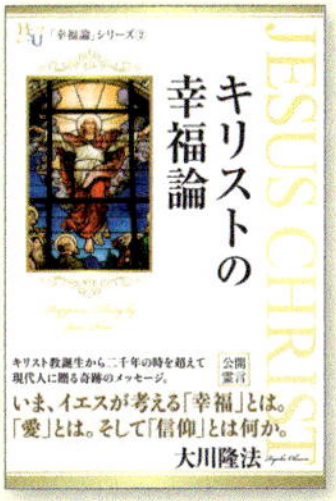

1,500円

キリストの幸福論

イエスが語る、信仰と奇跡の関係、「天なる父」への思い。「純粋な信仰」とは何かを知りたいあなたへ。

幸福の科学出版

幸福の科学グループのご案内

幸福の科学は世界100カ国以上に広がり（2019年10月現在）、宗教、教育、政治、出版、映画製作、芸能などの活動を通じて、地球ユートピアの実現を目指しています。

いま、目の前にある奇跡。
3000
大川隆法説法
3000回 突破記念

信仰の対象は、主《しゅ》エル・カンターレです。主エル・カンターレは地球の至高神《しこうしん》であり、イエス・キリストが「わが父」と呼び、ムハンマドが「アッラー」と呼んだ存在です。人類を導くために、釈迦《しゃか》やヘルメスなどの魂《たましい》の分身を何度も地上に送り、文明を興隆《こうりゅう》させてきました。現在はその本体意識が、大川隆法総裁として下生《げしょう》されています。

信仰 *Faith in Lord El Cantare*

教えを信じる方は、どなたでも「入会《にゅうかい》」いただけます。本格的に信仰の道を歩まれたい方は、仏《ぶっ》・法《ぽう》・僧《そう》の三宝《さんぼう》に帰依《きえ》を誓う「三帰誓願《さんきせいがん》」をお受けいただけます。

お気軽にお問い合わせください
幸福の科学サービスセンター
TEL. 03-5793-1727　受付時間／火～金:10～20時　土・日・祝日:10～18時（月曜を除く）

インターネットからも入会いただけます
happy-science.jp/joinus

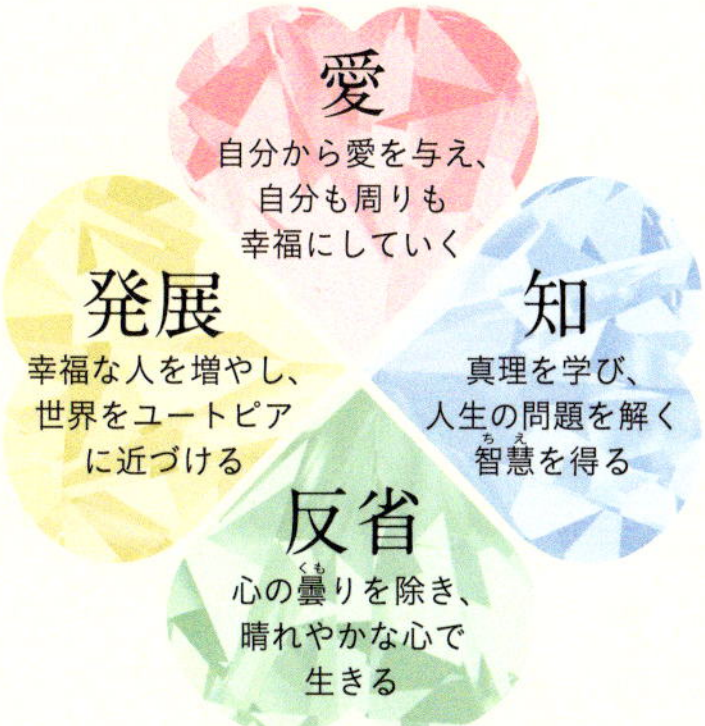

自分から愛を与え、
自分も周りも
幸福にしていく

幸福な人を増やし、
世界をユートピア
に近づける

基本教義 *The Basic Teachings*

基本教義は「正しき心の探究《たんきゅう》」と「四正道《よんしょうどう》」（幸福の原理）です。すべての人を幸福に導く教え「仏法真理《ぶっぽうしんり》」を学んで心を正していくことを正しき心の探究といい、その具体的な方法として、「愛・知・反省・発展」の四正道があります。

大川隆法総裁
説法3000回突破!

幸福の科学グループの最新情報、参拝施設へのアクセス等はこちら!

幸福の科学 公式サイト
happy-science.jp

学校法人 幸福の科学学園
中学校・高等学校（那須本校）
happy-science.ac.jp

関西中学校・高等学校（関西校）
kansai.happy-science.ac.jp

真理を学び、
人生の問題を解く
智慧《ちえ》を得る

心の曇《くも》りを除き、
晴れやかな心で
生きる

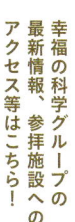

──真実は、絶対に死なない。
世界から
希望が
消えたなら。
製作総指揮・原案　大川隆法
竹内久顕　千眼美子　さとう珠緒
芦川よしみ　石橋保　木下渓　小倉一郎　大浦龍宇一　河相我聞　田村亮
監督／赤羽博　脚本／大川咲也加　製作／幸福の科学出版
配給／日活　配給協力／東京テアトル　©2019 IRH Press
sekai-kibou.jp
10.18[FRI]
ROADSHOW